ANALIZA TECHNICZNA DLA RYNKU FOREX

WAYNE WALKER

Spis Treści

WPROWADZENIE

Gratuluję Ci zakupu mojej książki pt. "*Analiza Techniczna Dla Rynku Forex*". Po zapoznaniu się z materiałem w niej zawartym będziesz gotowy do rozpoczęcia korzystania z analizy technicznej do handlu na rynku Forex i realizowania strategii, które się z nią wiążą. Zbadamy również kilka wskaźników analizy technicznej, które mogą zwiększyć Twoją skuteczność w generowaniu zysków.

Książka ta głównie dotyczy analizy technicznej, jednak analiza techniczna nie działa w próżni. W tradingu istotnych jest również kilka innych czynników. Zaczniemy od krótkiego przeglądu rynku Forex, ponieważ w tej publikacji skupiam się na analizie technicznej dla rynku Forex (jeśli wiesz wszystko co trzeba wiedzieć o Forexie, możesz pominąć kilka pierwszych stron i przejść bezpośrednio do sekcji analizy technicznej).

Ostatnie rozdziały omawiają taktyki tradingu strategicznego, z których możesz zacząć korzystać od razu. Podobnie jest w przypadku sekcji dotyczącej przejścia z trybu demo do handlu na żywo. Jest ona korzystna dla wszelkiego rodzaju traderów, od początkujących po bardziej doświadczonych, którzy jednak handlują dopiero od niedawna. Dla tych, którzy potrzebują krótkich i zwięzłych informacji przeznaczony jest rozdział *Analiza Techniczna w Tradingu*, która pozwoli Ci zacząć handlować praktycznie od razu. Wiele z opisanych w tym rozdziale technik zostało wykorzystanych przez moich byłych studentów do wygrania europejskiego konkursu Nordic Trading.

Na rynku jest mnóstwo książek, dlatego tym mocniej Ci dziękuję za wybranie właśnie tej.

ROZDZIAŁ 1
Forex

Czym jest Forex lub FX, jak nazywa go w skrócie wielu ludzi? Jest to najbardziej płynny rynek na świecie, ze średnim dziennym obrotem wynoszącym ponad 4 biliony dolarów amerykańskich. Nie ma znaczenia czy liczba ta sięga 4.4 biliona czy może 4.5 biliona. Istotne jest tutaj zauważenie jak wiele osób handluje codziennie na tym rynku. Jest to zdecydowanie najbardziej płynny rynek na świecie i żaden inny się do niego nawet nie zbliża. Dla przykładu, jeden dzień na rynku Forex to z grubsza 2-3 miesiące wolumenu obrotu na nowojorskiej giełdzie (NYSE).

Forex jest przedmiotem obrotu OTC czyli obrotu pozagiełdowego, w przeciwieństwie do rynków akcji lub towarów, na których znajdują się centralne giełdy, gdzie spotykają się kupujący i sprzedający. Termin OTC oznacza, że parametry i zasady handlu są określane przez Twojego partnera, gdyż nie ma organu centralnego ani centrum walutowego. Rynek Forex jest otwarty do handlu 24/5, od 05:00 w Sydney w poniedziałki do piątku do godziny 17:00 w Nowym Jorku. Dla wielu osób ten dwudziestoczterogodzinny składnik jest plusem z uwagi na fakt, że wiele innych rynków, w tym rynek akcji ma uboższe godziny handlu, np. od 09:00 do 17:00, od 08:00 do 16:00 czy od 08:00 do 17:00 w zależności od kraju. Jeśli pracujesz lub prowadzisz firmę, to możliwość handlu przed lub po pracy jest ogromnym atutem, który oferuje nam Forex.

Ośrodki i uczestnicy rynku Forex

Jeśli chodzi o to, skąd pochodzi cały obrót, większość wolumenu pochodzi z Londynu, Nowego Jorku, Tokio, Singapuru oraz Francji i Niemiec, które są teraz częścią strefy euro. Szwajcaria, Hongkong i Australia uzupełniają grono głównych walut. Następnie masz typową walutową egzotykę, która stanowi około 18% rynku. W tym gronie znajdują się waluty zarówno egzotyczne oraz te o mniejszym znaczeniu rynkowym. Przykładami mogą być duńska korona, szwedzka korona, iracki dinar czy izraelski szekel. My skupimy się dolarze amerykańskim, euro, funcie szterlingu, jenie i franku szwajcarskim, a nie na mniejszych walutach. Nie jest to jednak żadna reguła ani próba zasugerowania, że nie powinieneś handlować tymi mniej znaczącymi walutami, ponieważ jeśli pochodzisz z tych krajów, przestudiowałeś je lub masz jakiś powód, dla którego dobrze je znasz, to na pewno możesz włączyć je do swojego tradingu. Jeśli jednak solidnych powodów nie ma, to zalecam trzymanie się głównych walut.

Banki Komercyjne

Banki mają zawsze jakąś ofertę dla swoich klientów, a poza tym zatrudniają też swoich traderów, którzy spekulują funduszami tych banków. Są to po prostu traderzy realizujący transakcje na rynku finansowym z użyciem środków należących do banku. Wiele osób pracujących w banku ma tytuł tradera, ale to, co robią, nazywamy wykonywaniem transakcji. Na przykład w banku, dla którego pracowałem, jedną z rzeczy, które robiłem, było wykonywanie transakcji jako członek zespołu wykonawczego. Gdyby klient chciał dokonać transakcji dzwoniąc z prośbą "Chcę kupić dziesięć milionów eurodolarów", robiłem to za niego.

Fundusze hedgingowe są również graczami na rynku, którzy inwestują i spekulują. Pamiętaj jednak, że aby mieć dostęp do większości funduszy hedgingowych, musisz być sklasyfikowany jako akredytowany inwestor (200 tysięcy dolarów dochodu lub 1 milion dolarów w aktywach poza swoim miejscem zamieszkania).

Prywatne Spekulacje

Potem masz oczywiście prywatnych traderów czyli są to ludzie tacy jak ja, Ty i cała reszta. Będziesz mieć również codzienne transakcje na fizycznym rynku Forex (pieniądze papierowe). Analiza techniczna w tej książce skupi się na tym, co nazywamy spekulacyjną walutą zagraniczną, czyli na ruchach cenowych, gdzie dwa rynki, spekulacyjny i rzeczywisty świat pieniądza papierowego spotykają się pod względem cen.

EUR / USD since 1999

(Ruchy eurodolara od 1999 roku)

Na przykład w przypadku eurodolara, kiedy euro pojawiło się po raz pierwszy, za jedno euro w 2001 roku można było otrzymać dziewięćdziesiąt centów, więc mówiąc wprost euro było wtedy słabsze niż dolar. Jednakże w roku 2008 euro było już znacznie silniejsze niż dolar. Oczywiście wszystko cały czas się zmienia i w 2012 roku eurodolar był notowany na poziomie 1.31, a obecnie jest jeszcze niżej. Tak właśnie wygląda spekulacyjna wymiana walut i ruchy cen.

INVESTOR IN EUROPE BOUGHT A HOUSE IN FLORIDA:

BOUGHT IN 2001:
PRICE USD 500.000 = EUR/USD 0,9000   EUR 555.555

SOLD IN 2008:
PRICE USD 500.000 = EUR/USD 1,6000   EUR 312.500

USD declined 44% against the EUR from 2001 to 2008

Teraz wszystko musi się spotkać z rynkiem fizycznym. Jak widać na powyższej ilustracji, używamy przykładu osoby z Europy kupującej dom na Florydzie, aby zilustrować sytuację, gdy w 2001 roku pojawiło się euro. Nasz nabywca kupił dom za pół miliona dolarów, ale ponieważ euro było słabsze niż dolar, musiał zapłacić nieco więcej. W tym przypadku zapłacił pięćset pięćdziesiąt pięć tysięcy euro, aby nabyć ten dom. Jednakże w 2008 roku z powodu spadku wartości dolara, dom ten można było kupić za trzysta dwanaście tysięcy euro. Jest to ogromna różnica! I to właśnie tutaj spekulacyjna wymiana zagraniczna i świat fizyczny muszą się spotkać.

Co tak naprawdę porusza tym rynkiem?

Plotki, raporty i dane ekonomiczne. Z kolei przykre rzeczy, takie jak wojna, terroryzm, nigdy nie są miłe, ale też mają wpływ na rynek. W dalszej części książki znajduje się sekcja mini-fundamentalnej analizy, z którą polecam Ci się zapoznać.

Dlaczego warto handlować na FX?

Zdecydowanie jest to umiejętność długiego lub krótkiego biegu, jak to lubię nazywać. Kluczem jest tutaj umiejętność dokonywania transakcji długich i krótkich. Transakcja długa to nic innego jak zakup. Kupujesz coś, co kosztuje jedno euro, a sprzedajesz za trzy, cztery lub pięć euro. Większość osób doskonale rozumie tego typu handel i uważa go za mądry z oczywistych względów. W przypadku wymiany walut istnieje też transakcja krótka. Dla przykładu, możesz sprzedać coś za sto dolarów, a jeśli spadnie do pięćdziesięciu, to świetnie, wtedy uzyskujesz pięćdziesiąt dolarów różnicy.

Ponadto istnieje stosunkowo niska korelacja z innymi klasami aktywów. Wymiana walutowa to po prostu wymiana walutowa. Jest to inny rodzaj aktywa, nie najlepszy, nie najgorszy, po prostu jest to inny sposób, aby znaleźć się na rynku. Istnieją inne klasy aktywów takie jak towary, nieruchomości, skarbowe papiery wartościowe lub obligacje, a Forex jest po prostu osobnym tworem.

Why Trade FX?

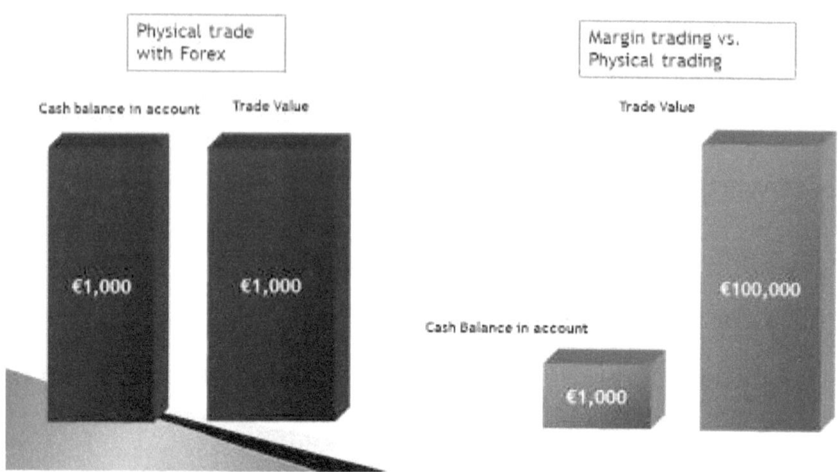

(Różnica między Forexem fizycznym a spekulacyjnym)

Jeśli chodzi o handel fizyczny, spójrz na wykres powyżej. Po lewej stronie masz saldo gotówkowe w wysokości tysiąca euro. Maksymalna kwota, jaką możesz faktycznie wpłacić (ekspozycja rynkowa) na rynek, to tysiąc euro. Mowa tutaj o fizycznym indywidualnym rynku walutowym. Podobna koncepcja ma miejsce, gdy handlujesz fizycznymi akcjami. My zajmiemy się tym co widać po prawej stronie, czyli handlem z dźwignią. Handel z dźwignią wymaga też depozytu zabezpieczającego. Mając do dyspozycji tysiąc euro, możesz wejść w pozycję o wartości stu tysięcy euro lub więcej, w zależności od brokera, a to oznacza, że możesz zarobić tak, jakbyś miał sto tysięcy euro, a także odnieść stratę jakbyś postawił sto tysięcy euro. Oczywiście w przypadku tego rodzaju dźwigni kluczowe jest zarządzanie ryzykiem. W tym miejscu w grę mogą wchodzić zlecenia 3-drożne, aby pomóc Ci zarządzać tym ryzykiem.

Podstawowe definicje

Waluta bazowa: To jest Twoja ekspozycja i jest to również waluta, którą handlujesz.

Waluta kwotowana: W ten sposób obliczany jest Twój zysk i strata lub P i L. Na przykład w przypadku eurodolara walutą bazową jest euro, a kwotowaną jest dolar.

Basic FX terms

> EURUSD 1.5800
> 1 EUR=1.5800 USD

> The Spread(Bid-Ask)

> Bid-Ask
> 1.5800-1.5802
> 0.0002(2 pips)

(Eurodolar na poziomie 1.5800 oznacza, że za jedno euro otrzymujesz 1.58 dolara)

Spread: Jest to różnica między ceną kupna i sprzedaży, czyli to w jaki sposób banki zarabiają pieniądze. Jeśli cena sprzedaży widoczna po lewej stronie wynosi 1.5800, to tyle otrzymasz przy sprzedaży. Po prawej stronie cena kupna wynosi 1.5802, tyle będziesz musieć zapłacić chcąc kupić. Widać zatem różnicę dwóch pipsów i jest to dochód Twojego banku lub brokera.

Podstawowy przegląd

Jeśli wchodzisz w pozycję długą na poziomie pięćdziesięciu, to w Twoim interesie jest, aby wartość aktywa wzrosła do pięćdziesięciu jeden, pięćdziesięciu dwóch i tak dalej. Jeśli zajmujesz pozycję krótką, to sprzedajesz i chcesz, aby cena spadła poniżej pięćdziesięciu, gdyż to właśnie wtedy zarobisz. Square oznacza, że nie masz pozycji na rynku, gdyż są one zamknięte. Aby zamknąć długą pozycję na pół miliona eurodolarów, musisz sprzedać pół miliona eurodolarów. To usunie Twoją ekspozycję.

Inne pojęcia z rynku FX

Kabel (GBP/USD): Jest to funt brytyjski w stosunku do amerykańskiego dolara i będziecie ten termin słyszeć bardzo często.

Swissy (CHF): Frank szwajcarski

Aussie (AUD): Dolar australijski

Kiwi (NZD): Dolar nowozelandzki

Loonie (CAD): Dolar kanadyjski

ZAR: Rand południowoafrykański

RUB: Rosyjski rubel

Złoty (PLN): Polski złoty

"Figura" oznacza, że na końcu podanej ceny są same zera. W sytuacji kwotowania zamiast powiedzieć jeden przecinek dwa zero, zero (1.200), powiesz jeden przecinek dwa figura.

Stop out: Wszystkie Twoje pozycje zostały zamknięte w momencie spadku salda poniżej wymaganego poziomu i znajdziesz się w tej sytuacji, gdy nie będziesz mieć wystarczających środków na pokrycie wymaganego depozytu zabezpieczającego dla Twoich otwartych pozycji.

ROZDZIAŁ 2
Praktyczna Analiza Techniczna

Kluczową kwestią do zarabiania pieniędzy za pomocą analizy technicznej jest identyfikacja trendu i tradowanie wraz z nim. Trendy pokazują, gdzie ceny będą najprawdopodobniej podążać w przyszłości. Jeśli trend waluty zmierza w górę, musisz kupić walutę, aby zarobić na niej pieniądze. Jeśli trend waluty zaczyna spadać, musisz sprzedać walutę, aby zarobić. Jeśli trend waluty jest taki, że cena zmienia się w bardzo wąskich przedziałach, bez wyraźnego kierunku, musisz albo składać zlecenia warunkowe (nie transakcje), albo poczekać, aż ustali się wyraźny trend w górę lub w dół przed rozpoczęciem tradingu. Nigdy nie zaleca się tradowania wbrew trendowi, a jeśli zdecydujesz się to zrobić, w większości przypadków będzie to dla **Ciebie** kosztowne doświadczenie.

Trendy zwykle nie idą prosto w górę lub w dół w sposób bezpośredni. Zwykle poruszają się w jednym kierunku przez pewien czas, a następnie tymczasowo powracają (odwracają) część poprzedniego ruchu, zanim powrócą do pierwotnego kierunku. Za każdym razem, gdy waluta się cofa i zaczyna poruszać się w przeciwnym kierunku, tworzy się nowe maksimum lub nowe minimum. Na przykład w przypadku Forex, nowe szczyty powstają, gdy para walutowa przesuwa się wyżej, a następnie obraca się i porusza w dół. Nowe dołki powstają, gdy para walutowa przesuwa się w dół, a następnie obraca się i porusza w górę. Identyfikacja tych punktów pozwala określić, czy para walutowa znajduje się w trendzie wzrostowym, spadkowym czy bocznym, czyli tam gdzie zakresy cen zmieniają się nieznacznie.

Trendy wzrostowe – Rynki, które wykazują tendencję wzrostową, tworzą serię wyższych szczytów i wyższych dołków.

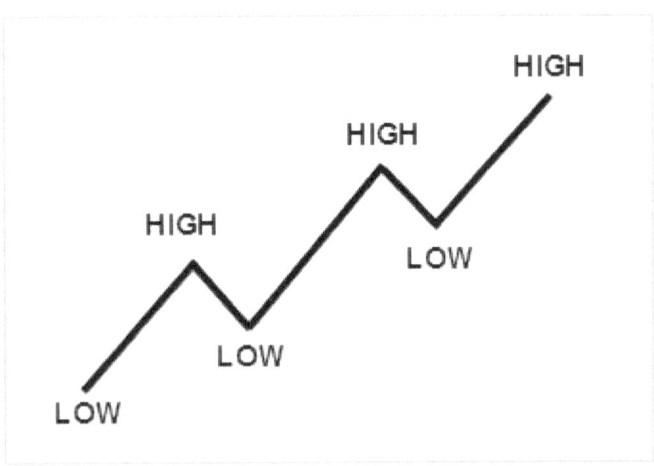

Trendy spadkowe – Rynki, które wykazują tendencję spadkową, tworzą serię niższych szczytów i niższych dołków.

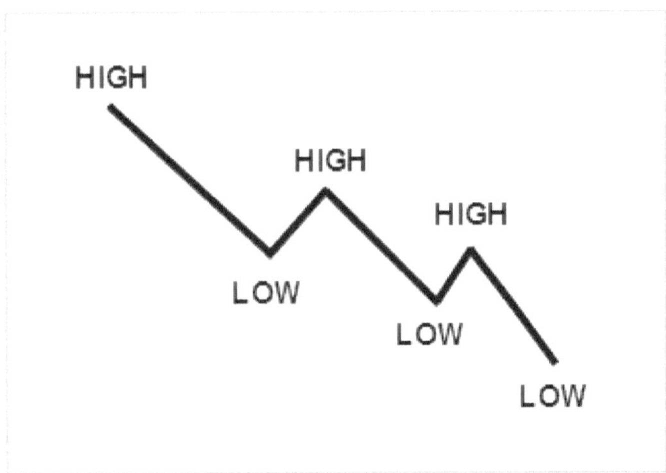

Trendy boczne – Para walutowa, która wykazuje tendencję boczną, tworzy serię maksimów, które są w przybliżeniu na tym samym poziomie cenowym i serię dołków, które również są w przybliżeniu na tym samym poziomie cenowym.

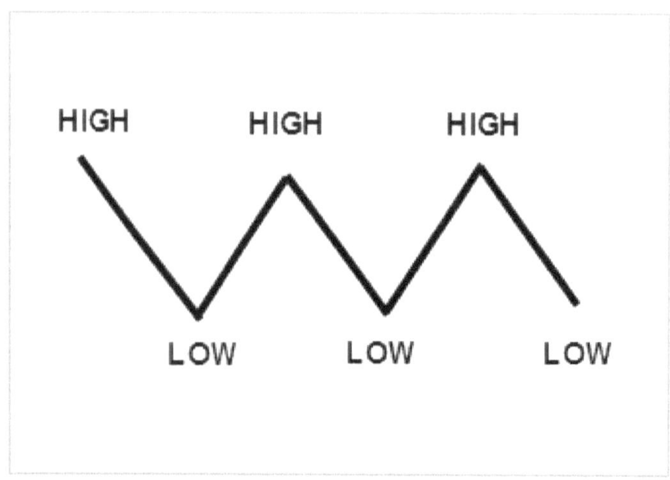

Trendy – Niezależnie od tego, czy są to trendy wzrostowe, spadkowe czy boczne, trendy mogą kształtować się w różnych okresach czasu. Identyfikacja różnych trendów w każdym przedziale czasowym i możliwość powiązania ich z analizą ma kluczowe znaczenie dla Twojego sukcesu jako tradera na rynku Forex.

Definicja Wykresu Świecowego

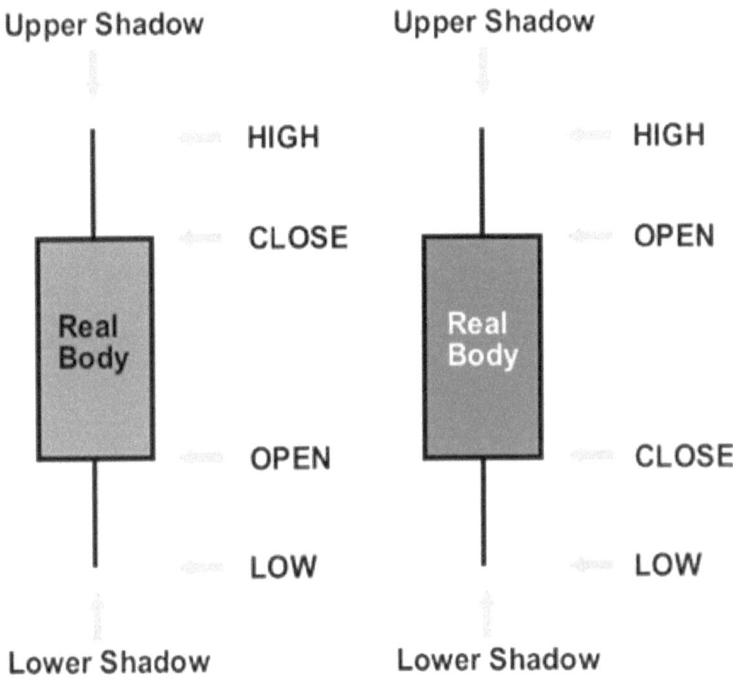

Zacznijmy od zdefiniowania świecy. Świeca to linia na wykresie, która przedstawia jeden punkt i pokazuje maksimum, minimum, otwarcie i zamknięcie dla każdego okresu.

Na przykład, jeśli mamy wykres dzienny, każda świeca reprezentuje jeden dzień i pokaże maksimum, minimum, otwarcie i zamknięcie tego dnia. Na wielu platformach czerwona świeca oznacza, że cena zamknięcia jest niższa niż cena otwarcia w tym okresie. Zielona świeca oznacza, że cena zamknięcia jest wyższa niż cena otwarcia w tym okresie.

ROZDZIAŁ 3
Wskaźniki Analizy Technicznej

Przyjrzymy się wskaźnikom Średniej Ruchomej, RSI oraz Wstędze Bollingera.

Pierwsza to Średnia Ruchoma, która jest przydatna, ponieważ ułatwia dostrzeżenie trendu. Ma to kluczowe znaczenie w przypadku wymiany walut lub niektórych instrumentów pochodnych, w przypadku których zarówno rynek wzrostowy jak i spadkowy jest korzystny. Dlatego wszystko, co musimy zrobić, to zidentyfikować lub dostrzec ten trend. Aby to zilustrować, pięćdziesięciodniowa średnia ruchoma sumuje ceny zamknięcia z ostatnich pięćdziesięciu dni, dzieli przez pięćdziesiąt i wykreśla punkt na wykresie dla każdego dnia.

Wykres Średniej Ruchomej:

Przyjrzyjmy się kilku podstawowym ustawieniom ze wskaźnikiem średniej ruchomej. Jeśli na wykresie mamy ustawioną średnią ruchomą na dziesiątce oraz pięćdziesiątce, to dziesiątka jest krótkoterminowa, a pięćdziesiątka długoterminowa. Im krótsza jest średnia ruchoma i znajduje się powyżej dłuższej, to trend jest uważany za wzrostowy. Jeśli krótsza średnia ruchoma jest poniżej dłuższej średniej ruchomej, wówczas trendy są uważane za spadkowe. Na wykresie zauważysz, że dziesiątka łamie się poniżej pięćdziesiątki, czyli długoterminowej w tym przykładzie, co można uznać za początkowy sygnał sprzedaży.

W przypadku średnich ruchomych sygnały kupna i sprzedaży są generowane przez przecięcie ceny powyżej lub poniżej linii średniej ruchomej. Jest termin, który często obije Ci się o uszy, gdy będziesz przebywać w pobliżu osób od analizy technicznej i jest to tak zwany *złoty krzyż*. Oznacza on, że pozycje krótkoterminowe łamią się powyżej długoterminowych. Przykładem może być podana dziesiątka i pięćdziesiątka, ale może to też być dwudziestka i trzydziestka czy pięćdziesiątka i siedemdziesiątka. Wszystko zależy od tradera i instrumentu, którym handluje.

Wskaźnik Siły Względnej

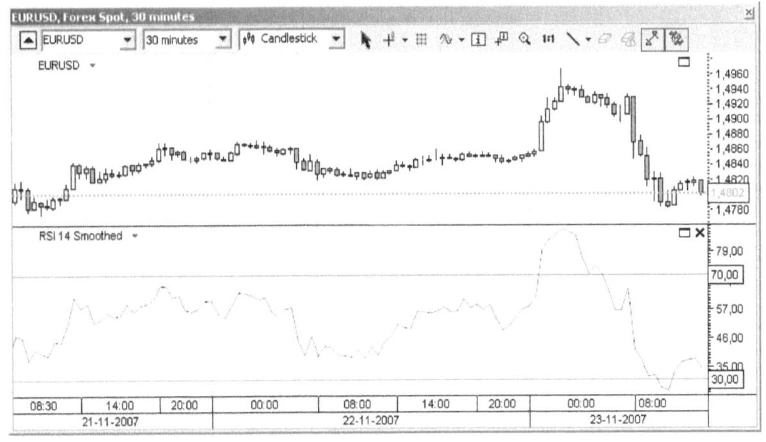

Wykres Siły Względnej widoczny jest pod wykresem EUR/USD.

RSI, który jest Wskaźnikiem Siły Względnej służy do określenia, czy rynek (akcje, para walutowa, itp.) jest nadmiernie wykupiony lub nadmiernie wyprzedany, czyli innymi słowy przesycony. Ma on indeks od zera do stu. RSI mniej więcej odpowiada temu, co dzieje się na wykresie i tak właśnie powinno być. Odczyty poniżej trzydziestu wskazują, że rynek może być nadmiernie wyprzedany, a kiedy widzisz lub słyszysz termin nadmiernie wyprzedany, oznacza to nadmierną sprzedaż. Odczyty powyżej siedemdziesięciu wskazują, że rynek może być nadmiernie wykupiony, czyli chodzi o nadmierne kupowanie. Należy pamiętać, że są to tylko wskazówki i niczego nie gwarantują. Pamiętaj, że rynek może pozostać wykupiony lub wyprzedany przez dłuższy czas. RSI jest wskaźnikiem wyprzedzającym, gdyż zaczyna dawać sygnały jeszcze przed rozpoczęciem trendu.

Wstęgi Bollingera

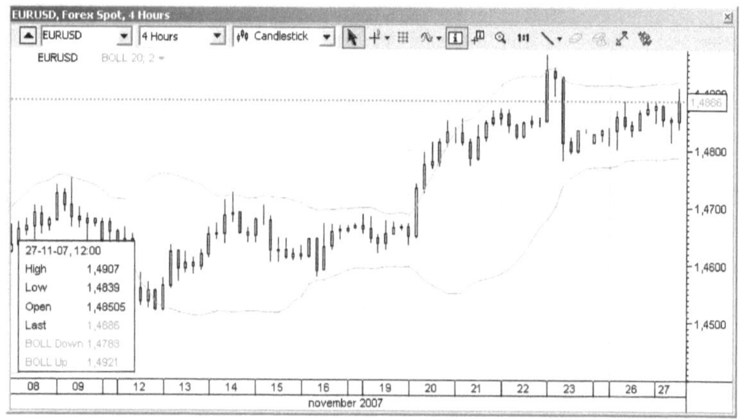

Wstęgi Bollingera to narzędzie, z którego korzysta wielu inwestorów i handlowców, gdy chcą dodać różne aspekty analizy technicznej do otwartych przez siebie transakcji. Służą do pomiaru zmienności rynku. Wstęgi określają górną i dolną granicę zakresu handlowego. Kiedy przeglądasz wstęgi na wykresie, będziesz mieć górną i dolną wstęgę. Przestrzeń pomiędzy górą a dołem nazywana jest kanałem kupna - sprzedaży. Wykorzystujesz przestrzeń między wstęgami, aby zorientować się, gdzie jesteś w zakresie handlowym. Jeśli jesteś blisko szczytu, wiesz, że jesteś blisko poziomu oporu i istnieje możliwość odwrócenia ceny (rynek zmienia kierunek). Jeśli jesteś na dole, wiesz, że jesteś blisko poziomu wsparcia dla potencjalnego odwrócenia ceny. W większości przypadków ceny pozostają między wstęgami. Jeśli cena zacznie się przełamywać, wielu traderów traktuje to jako sygnał, więc musisz być tego świadomy.

Zrozumienie Poziomów Wsparcia i Oporu

Poziom wsparcia to poziom ceny, przy którym handlowany instrument miał w przeszłości trudności ze spadkiem poniżej. Na przykład, jeśli mamy wsparcie w okolicach 1.4380, byłbyś w stanie zobaczyć na wykresie, że rynek kilka razy osiągnął ten poziom (1.4380) bez spadku poniżej, więc w żargonie analizy technicznej byłby to poziom wsparcia.

Poziom oporu jest dokładnie odwrotnym poziomem ceny, przy którym instrument miał historycznie trudności z wejściem powyżej.

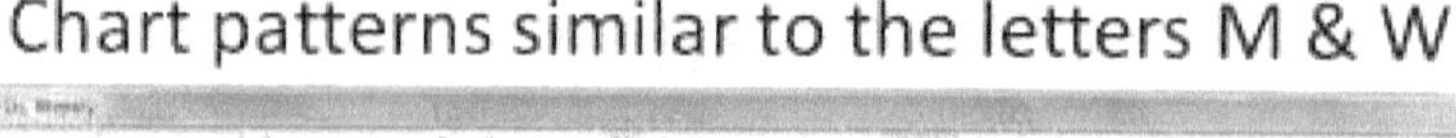

Wzory na Wykresie "W" Podwójne Dno lub "M" Podwójny Szczyt

Są to formacje wykresów, w których cena instrumentu porusza się według wzoru podobnego do litery "W" (podwójne dno) lub "M" (podwójny szczyt). Podwójne formacje górne i dolne są używane w analizie technicznej do wyjaśniania ruchów na akcjach oraz przy innych inwestycjach i mogą być wykorzystywane jako część strategii handlowej w celu odniesienia korzyści z powtarzających się wzorców. Podwójny szczyt i podwójne dno to wzory odwrócenia trendów.

Podwójne dno ma tendencję do występowania po silnym trendzie spadkowym i wskazuje, że trend wzrostowy może być nieuchronny. "Dna" to doliny, które powstają, gdy cena osiągnie pewien poziom wsparcia, którego nie może przełamać. Po osiągnięciu tego poziomu cena nieznacznie odbije się od niego, zanim wróci do ponownego przetestowania tego poziomu. Jeśli cena odbije się od wsparcia po raz drugi, masz formację z podwójnym dnem. Jeśli drugie dno nie może przebić dołka pierwszego, to jest to silny sygnał, że nastąpi odwrócenie. 'Dekolt' zostanie narysowany na wysokości między dwoma 'dnami'. W przypadku podwójnego dna możesz rozważyć zlecenia długie (zakup) z wejściem powyżej 'dekoltu', ponieważ spodziewasz się, że trend zmieni się w górę.

Podwójny szczyt jest zwykle tworzony po przedłużającym się trendzie wzrostowym i wskazuje, że trend spadkowy może być nieuchronny. "Szczyty" to szczyty, które powstają, gdy cena osiągnie pewien poziom oporu, którego nie może pokonać. Po osiągnięciu tego poziomu cena nieznacznie odbije się od niego, ale wróci do ponownego przetestowania tego poziomu. Jeśli cena ponownie odbije się od tego poziomu, uzyskamy podwójny szczyt. Jeśli drugi szczyt nie może przełamać maksimum pierwszego szczytu, to jest to silny sygnał, że nastąpi odwrócenie. 'Dekolt' jest rysowany na dole między dwoma 'szczytami'.

W przypadku podwójnego szczytu możesz pomyśleć o dokonaniu zlecenia krótkiego (sprzedaży) poniżej 'dekoltu', ponieważ spodziewasz się, że trend stanie się spadkowy.

ROZDZIAŁ 4
Analiza Techniczna VS. Analiza Fundamentalna

Przeanalizujemy teraz różnicę między analizą techniczną a fundamentalną. Jest to temat, w którym toczy się sporo dyskusji, szczególnie z traderami. W jednym rogu będą fani analizy technicznej, a w drugim fundamentalnej i wszyscy walczą o to, która metoda jest najlepsza. Przyjrzyjmy się im pod kątem ich indywidualnych zalet.

Analiza techniczna oznacza, że używasz wskaźników analizy technicznej, na przykład średnich kroczących, które pomagają zidentyfikować trend i być może innego ze wskaźników, na przykład RSI (Wskaźnik Względnej Siły), aby sprawdzić, czy rynek jest nadmiernie wykupiony lub nadmiernie wyprzedany.

Analiza fundamentalna ma miejsce wtedy, gdy bierzesz pod uwagę handel na giełdzie dokonywany przez dyrektorów firm, udział rynkowy firm, jakie produkty są dystrybuowane przez firmę, wskaźnik zysków i strat, itp. Te obszary są istotne, gdy chcesz inwestować w akcje. Ludzie, których nazywamy fundamentalnymi traderami trzymają się tego rodzaju analizy i twierdzą, że jest to najlepszy sposób na podjęcie decyzji handlowej. Ja jednak uważam, że to wszystko zależy i chodzi mi tutaj głównie o Twoje ramy czasowe.

Powiedzmy, że jesteś day traderem. Day trader otwiera i zamyka swoje zlecenia lub transakcje tego samego dnia. Możesz też posunąć się do skrajności, która nazywa się scalpingiem, a wśród skalperów znajdziesz również osoby sklasyfikowane jako ekstremalni skalperzy i osoby te będą mieć otwarte pozycje od jednej lub dwóch sekund do może minuty. U tych traderów analiza fundamentalna nie zadziała, gdyż w tak agresywnym tradingu użycie analizy fundamentalnej, gdzie bierze się pod uwagę udział firmy w rynku i rozwój produktów nie będzie możliwe, gdyż ramy czasowe to tylko kilka sekund. Jeśli jednak przejdziemy na drugą stronę, to tam już będą inwestorzy, którzy idą w inny przedział inwestycji, czyli takich, którzy wolą utrzymywać pozycje lub dokonywać transakcji, która potrwa od roku, do dwóch, trzech lub nawet pięciu lat. Jeśli inwestujesz w taki sposób, zwracanie uwagi na szybkie zmiany jednominutowych wykresów lub innych krótkoterminowych narzędzi analizy technicznej jest nierozsądne, ponieważ nie mają one zastosowania. Tak naprawdę analiza techniczna i fundamentalna nie rywalizują ze sobą, gdyż wszystko i tak sprowadza się do Twoich ram czasowych. Gdy już zdecydujesz, jakie są Twoje ramy czasowe, to będziesz w stanie użyć odpowiednich narzędzi. Jeśli zamierzasz handlować krótkoterminowo, Twoim głównym narzędziem będzie analiza techniczna, ale jeśli wyznaczyłeś sobie dłuższy przedział czasowy, bardziej spojrzysz na analizę fundamentalną, ponieważ przy dłuższym horyzoncie czasowym będziesz potrzebować więcej danych.

Kalendarz Ekonomiczny (przystawka do analizy fundamentalnej)

Rzucimy teraz okiem na najważniejsze raporty rynkowe. Banki Centralne, Wskaźnik Cen Towarów i Usług Konsumpcyjnych, Zatrudnienie Poza Rolnictwem, Liczba Rozpoczętych Budów.

Banki Centralne: Mamy takie instytucje jak Federalny Komitet do spraw Operacji Otwartego Rynku, Bank Anglii, Europejski Bank Centralny. Rynek przywiązuje dużą wagę do spotkań tych instytucji, a głównie do spotkań Rezerwy Federalnej i jej Federalnego Komitetu Otwartego Rynku – FKOR. Oczywiście Bank Anglii czy Europejski Bank Centralny również wypuszczają bardzo ważne raporty ze swoich spotkań. Członkowie tych instytucji spotykają się raz w miesiącu, aby ustalić politykę monetarną swojej waluty. Ostatnio wiele uwagi poświęcono Ludowemu Bankowi Chin, ponieważ oczywiście ten konkretny bank ma teraz spory wpływ na rynki finansowe.

Dlaczego powinno nas to wszystko interesować? Zmiany stóp procentowych przez te instytucje wpłyną na wszystko, od finansowania po obligacje, na pewno też na rynek akcji, ale najistotniejsze dla tych raportów lub raportów ekonomicznych jest to, czy podejmowane decyzje są inne od tych, których oczekiwał rynek. Na przykład, jeśli oczekiwano obniżki stopy procentowej o 25 punktów bazowych, a następnie po ogłoszeniu jest to cięcie o 25 punktów bazowych, można zauważyć pewne ruchy na rynku, ale nic tak dramatycznego nie powinno się wydarzyć, ponieważ obniżka ta była spodziewana przez rynek. Jeśli jednak spodziewamy się obniżki o 25 punktów bazowych, a dochodzi do obniżki o 50 punktów bazowych, to można na rynku spodziewać się pewnych fajerwerków.

Wskaźnik Cen Towarów i Usług Konsumpcyjnych: Wskaźnik Cen Towarów i Usług Konsumpcyjnych jest miarą średniej ceny ustalonego koszyka dóbr i usług. Mówiąc prościej, przyglądamy się poziomowi inflacji. Dlaczego nas to interesuje? W USA jest to zdecydowanie jeden z najchętniej obserwowanych wskaźników inflacji. Poza Stanami Zjednoczonymi, czy to w Europie, Azji, czy gdzie indziej, ich konkretny wskaźnik CPI jest bardzo uważnie obserwowany przez rynek i będzie miał wpływ na sposób ustalania stóp procentowych dla kredytów, kredytów hipotecznych, obligacji, itp.

Zatrudnienie Poza Rolnictwem: Jest to jeden z najważniejszych raportów dla traderów. Podaje liczbę pracowników pracujących w firmach amerykańskich poza rolnictwem. Dlaczego nas to interesuje? Raport ten daje kompleksowy obraz tego, ile osób pracuje, szuka pracy, ile osoby te zarabiają czyli mamy pełny obraz rynku pracy w Stanach Zjednoczonych.

Liczba Rozpoczętych Budów: Jest to miesięczny pomiar liczby rozpoczętych budów domów prywatnych. Dlaczego jest on dla nas ważny? Chodzi o efekt domina. Rynek zwraca uwagę na rozpoczęcie budowy mieszkań, czy to w Stanach, czy gdzie indziej, ze względu na ten efekt domina. Budowa 10-20 domów czy całego kompleksu apartamentowców wpływa na całą gospodarkę. Oddziałuje to na to ile osób jest zatrudnionych do budowy domów, ile osób buduje meble do tych domów, wpływa to na ceny prądu i wody, a nawet na handel, ponieważ materiały do budowy tych domów mogą być importowane. Wszystkie te rzeczy są bardzo dobrze zauważalne i ekonomiści zwracają baczną uwagę na liczby rozpoczętych budów domów prywatnych.

ROZDZIAł 5
Analiza Techniczna w Tradingu

Ramy Czasowe Wykresu

Ramy czasowe to najbardziej krytyczny czynnik decyzji handlowej. Decyzja o kupnie lub sprzedaży zawsze zaczyna się od ram czasowych. Sygnał kupna lub sprzedaży dla day tradera różni się od swing tradera i w większości przypadków skrajnie różni się od długoterminowego tradera czy inwestora. Przykłady, których użyjemy, opierają się na ramach czasowych handlu krótkoterminowego/dziennego.

Day trading – Zamykanie pozycji w ciągu 24 godzin.

Swing trading – Transakcje są otwarte od kilku godzin do maksymalnie kilku dni.

Dla traderów krótkoterminowych ustawienie wykresu na 1 godzinę jest dobre dla uzyskania przeglądu rynku, a następnie podjęcia decyzji o handlu na wykresie 30 lub 15 minutowym. Im krótszy horyzont czasowy handlu, tym krótsze ramy czasowe wykresu.

Wskazówka: Jedną z wielu korzyści, które będziesz czerpać z korzystania z wielu ram czasowych w swoim handlu jest to, że zobaczysz rynek Forex z perspektywy wielu różnych typów traderów. Patrząc zarówno na wykresy krótkoterminowe jak i długoterminowe, będziesz świadomy tego, co obserwują zarówno krótkoterminowi, jak i długoterminowi traderzy. Pomoże Ci to uchronić się przed wszelkimi nagłymi ruchami cen.

Aby skorzystać z powyższych ustawień, zalecam stworzenie wykresów z różnymi ramami czasowymi i pozostawienie ich otwartych na swojej platformie transakcyjnej. Dzięki temu Twój trading będzie bardziej wydajny.

Ramy czasowe i Twoja lokalizacja w kanale kupna-sprzedaży

Po ustawieniu ram czasowych musisz zlokalizować, gdzie jesteś w kanale kupna-sprzedaży (jest to obszar między wysokimi i niskimi pasmami Wstęg Bollingera). Jeśli jesteś blisko szczytu kanału, który wskazuje, że jesteś blisko potencjalnego poziomu odwrócenia (gdzie rynek się obraca/odwraca), np. jeśli zmierzasz w górę, a rynek nagle spada. Jeśli rynek jest na dole i nagle idzie w górę, to jest to również poziom odwrócenia.

Co robić na odwróconych poziomach

W tym miejscu trading staje się nieco trudny. Tylko dlatego, że jesteśmy na lub blisko poziomu odwrócenia, nie ma gwarancji, że rynek się odwróci. Możemy również doświadczyć przełamania (rynek będzie powyżej/poniżej znanych nam poziomów oporu lub wsparcia). Jeśli chcesz wiedzieć co zrobić dalej, to po prostu przejrzyj wykres pod kątem przeszłych ruchów na rynku (czy szedł w górę lub w dół) na poziomie cenowym, który chcesz zobaczyć i sprawdź co wydarzyło się na rynku ostatnim razem. Jest to ważne, ponieważ najbardziej istotny jest tutaj rynek, a nie to co myślisz Ty. Dla przykładu, jeśli rynek zmierzał w dół, istnieje duża szansa, że zrobi to ponownie. Jednak to NIE jest gwarancja, a ponadto musisz być świadomy podstawowych danych (raport z aktualnościami czy dane ekonomiczne), ponieważ z powodu tych informacji to co stało się w przeszłości może być zupełnie nieważne.

Jeśli nie masz jeszcze otwartej pozycji, a rynek znajduje się na potencjalnym poziomie odwrócenia, jednym ze sposobów handlu jest ustawienie zlecenia kupna powyżej poziomu odwrócenia. Dlatego też, jeśli na rynku dojdzie do przełamania, to wchodzisz. Zlecenie kupna jest również częścią Twojego zarządzania ryzykiem, ponieważ pieniądze łatwo mogą stać się transakcją.

Po ustaleniu, gdzie jesteś w kanale kupna/sprzedaży, musisz zwrócić uwagę na wskaźnik RSI i to, co on Ci mówi. Musisz go dopasować do realizowanej transakcji. Jeśli więc wskaźnik RSI jest na poziomie nadmiernego wykupienia, a Ty jesteś blisko poziomów odwrócenia na Wstęgach Bollingera, to jest to znak, że masz dobrą potencjalną okazję do sprzedaży.

Idealne sygnały kupna

Najlepiej jest, aby przy sygnale kupna Twój RSI szedł w górę z poziomu 30-40 lub w jego pobliżu, dając duże prawdopodobieństwo przełamania. Jednocześnie dobrze jest, aby rynek znajdował się blisko dołu kanału w pasmach Wstęg Bollingera.

Jeśli używasz wykresów świecowych, dobrze aby były zielone (ceny się zamykają w górę). Musimy zobaczyć te same dane (w górę) z naszych narzędzi. Patrzenie na czerwone świeczki (ceny zamykające się w dół) i wykupienie (nadmierne kupowanie) poziomów RSI to mieszany sygnał. Mówi Ci to, abyś się tylko przyglądał i nie dokonywał transakcji dopóki sprawy nie staną się bardziej klarowne.

Idealne sygnały sprzedaży

Idealny sygnał sprzedaży jest po prostu przeciwieństwem powyższego. Innymi słowy, Twój RSI będzie spadał z poziomów 70-80. Jednocześnie rynek powinien znajdować się w pobliżu górnej części kanału w pasmach Wstęg Bollingera. Jeśli używasz wykresów świecowych, ceny powinny być czerwone (ceny zamykają się w dół).

Podsumowanie

W idealnym przypadku wykonasz transakcję w momencie, gdy wszystko jest tak bliskie ideału, jak to tylko możliwe. W obliczu szarych/nierozstrzygniętych obszarów sugerujemy użycie zleceń kupna lub sprzedaży. Zlecenia NIE są transakcjami, więc żadne pieniądze nie są zagrożone, dopóki zlecenia nie zostaną zrealizowane. Zlecenia te zostaną umieszczone w pobliżu idealnych poziomów, od których chcesz rozpocząć handel. Jak już kilkakrotnie podkreślaliśmy, idealny scenariusz handlu czy nie, zawsze składasz zlecenie stop loss. Niestety, nawet najlepsze na świecie badania nie gwarantują opłacalnego tradingu.

Ustawienia wskaźników analizy technicznej

Wskaźnik RSI

Jeden RSI, domyślnie 14 jest w porządku dla większości transakcji FX, CFD i akcjami. Jednak w przypadku krótkoterminowych transakcji dziennych lub swing tradingu, 14 nie jest optymalne. Sugeruję 7 dla swing tradingu i 4 dla day tradingu.

Wstęgi Bollingera

Domyślne ustawienia (20:2) wydają się działać najlepiej dla większości traderów i sugeruję zachowanie tego ustawienia.

Średnie Kroczące

Używamy 50, 100, 200. 50 to sygnał ostrzegawczy, 100 krótkoterminowy, a 200 to długoterminowy.

ROZDZIAŁ 6
Taktyki Tradingowe

Przyjrzyjmy się pięciu głównym przyczynom strat traderów:

1. **Nierealistyczne Oczekiwania**: Przykładem może być to, że masz na koncie tysiąc euro i spodziewasz się, że kolejnego dnia lub na koniec tygodnia będziesz mieć już dwa tysiące.

2. **Brak Planu**: Wiele osób uważa, że "brak planowania to planowanie niepowodzenia". Mając dobry plan, Twój trading jest zgodny z Twoimi założeniami i istnieje większa szansa na osiągnięcie oczekiwanych wyników. Plan w tradingu jest niezbędny, ponieważ bez niego narażasz się na potencjalnie ogromne straty. Bez planu nie ma sensu wchodzić na giełdę.

3. **Zbyt Duże Ryzyko**: Zwykle wiąże się to z wykorzystaniem maksymalnej dostępnej dźwigni.

4. **Mylenie Tradingu z Inwestowaniem**: Są to dwie zupełnie różne rzeczy. Trading jest bardziej skupiony na analizie technicznej, natomiast inwestując bardziej opierasz się na zasadach analizy fundamentalnej. W przypadku inwestowania ramy czasowe masz zazwyczaj od trzech do pięciu lat, więc kwestie fundamentalne są wyraźnie ważniejsze. Jeśli zajmujesz się tradingiem, istotne mogą być minuty i sekundy, a siłą napędową Twojego przygotowania będzie analiza techniczna.

5. Nadmierny lub zbyt słaby handel, któremu przyjrzymy się nieco później.

Rozwiązania

Korzystanie z niskiej dźwigni jest kluczowe, ponieważ zapewnia, że zły dzień w handlu nie wyczyści wszystkich Twoich zysków. Musisz też przestrzegać złotej zasady traderów czyli "brak gotówki, brak handlu". Nie można ująć tego prościej, po prostu jak nie masz pieniędzy, które możesz stracić, to nie bawisz się w trading. Następne jest skalowanie pozycji. Tutaj pozwalasz rynkowi do Ciebie przemówić. Przed jakąkolwiek transakcją wykonasz swoją analizę, ale po wykonaniu analizy pozwalasz rynkowi wskazać Ci drogę. Oznacza to, że jeśli kupisz aktywo w cenie $100, a cena spadnie do $90, to musisz zmniejszyć swoją ekspozycję rynkową. Jeśli natomiast kupujesz coś za $100 i cena wzrasta do $110 czy $120, to otrzymujesz sygnał, że warto zwiększyć swoją ekspozycję rynkową.

Na rynku Forex wybierz kilka par walutowych i dobrze je poznaj. Nie trzeba być ekspertem od piętnastu czy dwudziestu par, aby zarabiać tutaj pieniądze. To nie są zawody w tym ile par znasz, po prostu skupiasz się maksymalnie na pięciu lub sześciu parach i nimi obracasz.

Wiele osób pyta jakie pary są dobre do handlu i mówię wtedy, że na początek dobre są Euro/Dolar, Dolar/Jen, Funt/Dolar, Dolar/Frank Szwajcarski. W tych parach nie jest wyjątkowym wydarzeniem, jeśli następuje ruch o sto pipsów lub więcej. Jeśli dokonałeś transakcji i nic się nie wydarzyło po tym jak już zapłaciłeś spread, to właśnie dałeś prezent swojemu brokerowi lub bankowi. Musisz zatem być tam, gdzie toczy się akcja. Spośród wymienionych par, gdy próbujesz wybrać najlepszą, musisz sprawdzić spready i wybrać te z najmniejszymi spreadami, ponieważ wówczas Twój koszt prowadzenia działalności spadnie. Jest to fundament, czyli im taniej Ci będzie handlować, tym łatwiej będzie Ci zarabiać pieniądze. Trudno jakoś to obejść, musisz skupić się na parach, którymi handel wychodzi Ci najtaniej.

W przypadku kontraktów CFD lub akcji, zmiany w firmie lub informacje o spodziewanych zyskach są dobrymi okazjami do handlu i wygenerowania zysków dla siebie. Ceny zwykle zmierzają w kierunku z ogłoszenia firmy. Dla przykładu, powiedzmy, że dana firma ogłosiła, iż nie będzie w stanie zrealizować swoich kwartalnych celów, więc istnieją szanse, że jej akcje spadną i możesz otworzyć krótką pozycję.

Podczas handlu zwycięzcy i przegrani ujawniają się dość szybko i musisz jak najszybciej wyjść z grona przegranych. Twój stop loss na Forex zwykle będzie wynosić piętnaście, dwadzieścia lub dwadzieścia pięć pipsów, w zależności od Twojego profilu ryzyka. Mówię tu oczywiście o tradingu, a nie inwestowaniu długoterminowym. Jeśli otwierasz pozycję inwestycyjną z perspektywą na trzy lub pięć lat, to nawet jeśli nie zarabiasz pierwszego dnia lub pierwszego tygodnia, nie ma powodów do paniki. Jeśli jednak chodzi o trading z zakresem czasu na poziomie jednej czy pięciu minut, to jest to już zupełnie inna para kaloszy. W takim handlu musisz jak najszybciej wychodzić z przegrywających pozycji.

Musisz mieć też plan z ustawionymi poziomami stop, poziomami zysku, prawidłowymi kwotami i parami. Brzmi to bardzo trywialnie, ale jeśli planujesz handlować w parze euro/dolar, to powinieneś się skupić tylko na tej parze. Problemem jest, gdy planujesz handlować w parze euro/dolar, a potem nagle wchodzisz do pary euro/jen, następnie handlujesz akcjami British Airways i wieloma innymi aktywami. Zachowaj zatem czujność przy handlu i postępuj zgodnie ze swoimi wcześniejszymi założeniami.

Trading Oparty o Aktualności

Handel oparty o aktualności to okazja, w której możesz handlować nie zwracając na nikogo uwagi. Niebezpiecznym zjawiskiem jest poślizg cenowy, ponieważ może Cię on pozbawić wszystkich zysków. Poślizg cenowy oznacza po prostu sytuację, w której kupujesz za sto i masz stop loss ustawiony na dziewięćdziesiąt i zamiast wyjść przy dziewięćdziesięciu, może to nagle być osiemdziesiąt pięć, osiemdziesiąt lub mniej.

Aby handlować w oparciu o aktualności, na mniej więcej pół godziny przed danym wydarzeniem, powinieneś użyć stosunkowo wąskich ustawień wykresu (15 min do 30 min), ponieważ jest to handel agresywny. W kwestii wejścia, ustaw zlecenie kupna kilka pipsów powyżej obecnej wartości. Kilka pipsów poniżej obecnej wartości ustaw zlecenie sprzedaży. Możesz również użyć poziomów oporu i wsparcia jako wskazówek, w zależności od swojego profilu ryzyka.

Możesz dla przykładu ustawić zlecenie kupna 20 pipsów powyżej, a zlecenie sprzedaży 20 pipsów poniżej obecnej wartości.

Punktem wyjścia jest zazwyczaj rozmiar zakresu. Na przykład, jeśli zakres wynosi trzydzieści pipsów, możesz użyć tego jako początkowego zlecenia realizacji zysku lub zlecenia z limitem ceny. Niektórzy traderzy na długich pozycjach używają stop lossa na poziomie 20 pipsów i podejmują zysk na poziomie 100–120 pipsów, w zależności od profilu ryzyka danej osoby. Istnieje zatem trochę miejsca na zabawę. Nie musisz podejmować od razu całego zysku, możesz skalować stopniowo.

Rozwiązania: Zbyt Nadgorliwy lub Zbyt Ostrożny Handel

Pomówmy teraz o nadmiernym lub zbyt ostrożnym handlu. Overtraderzy nie wiedzą, kiedy przestać, starają się wyciągnąć wszystko z rynku. Undertraderzy przestrzegają zasady 2%, ale osiągają zbyt mały zysk. Jak się pewnie domyślasz, chodzi tutaj o chciwość i strach. Zasada 2% mówi, że nie powinieneś ryzykować więcej niż 2% salda konta w jednej transakcji. Możesz się pobawić 3%, 4% lub 5%, ale nie powinieneś przekraczać tych poziomów. Chodzi o to, że kiedy używasz tych 2%, 3% lub 4%, sprawiasz, że porażka jest możliwa do przełknięcia. Innymi słowy, możesz być wiele razy w błędzie, a nadal być w grze.

Kilka rozwiązań dla over i under tradingu: Ustalasz dzienny cel zysku i wówczas overtrader zatrzymuje się, gdy tam dotrze, a undertrader kontynuuje trading. Na końcu po dojściu do dziennego limitu strat zatrzymują się wszyscy, bez odstępstw od tej zasady. I kończąc, jeśli Twoje dane z analizy technicznej lub fundamentalnej są niejasne lub, jak to nazywam, niechlujne, masz prawo nie handlować.

ROZDZIAŁ 7
Przejście z Handlu Demo do Handlu na Żywo

Jest to temat, który budzi ciekawość i zainteresowanie wielu moich studentów oraz wielu traderów na kontach demo. Jak przejść z konta demo na realne, na którym masz wpłacone prawdziwe środki?

Jest kilka kroków: Po pierwsze, musisz pracować z tym, co nazywam realistycznym saldem konta. Oznacza to, że jeśli planujesz zacząć handlować z pięcioma tysiącami euro, dwoma tysiącami euro lub dziesięcioma tysiącami, kwota nie jest tak ważna, jak ważne jest, aby odpowiadała ona Twojemu zamierzonemu bilansowi otwarcia. Jeśli planujesz zacząć od pięciu tysięcy euro, Twoje saldo konta demo musi temu odpowiadać.

Wiele razy osobiście widziałem jak początkujący traderzy przechodzili przez konta demo korzystając tam z domyślnego salda, które jest wysokie. Salda te wynoszą zwykle około stu tysięcy euro lub kilkaset tysięcy euro. Trader taki wykonuje dużo transakcji na koncie demo na sto tysięcy czy dwieście tysięcy, a następnie otwiera konto z dziesięcioma tysiącami euro, może dwudziestoma tysiącami euro lub pięcioma tysiącami euro. Nie ma nic złego w tych kwotach, bo oczywiście pięć czy dziesięć tysięcy euro to spore pieniądze, ale sęk w tym, że nigdy nie praktykowali na takim saldzie, gdyż uczyli się na dużo wyższych kwotach. Używali wartości domyślnych stu tysięcy, kilkuset tysięcy i nie przyswoili odpowiednich praktyk. Jeśli chodzi o przyswojenie, chodzi mi o to, że musisz wiedzieć jak to jest zarabiać lub tracić na zamierzonym saldzie otwarcia. Niezależnie od tego, czy jest to pięć tysięcy, czy dziesięć tysięcy, musisz faktycznie doświadczyć tego mentalnie i pod pewnymi względami fizycznie w swoim ciele handlując na danym saldzie. Kiedy już przez to przejdziesz, gdy nadejdzie czas przejścia na konto prawdziwe, to obiecuję Ci, że nie będziesz w stanie odróżnić konta demo od prawdziwego, co tylko Ci pomoże. Dzieje się tak, ponieważ ćwiczyłeś na tej kwocie doświadczając zysków i strat i wiesz, jak to jest, więc kiedy wchodzisz na rachunek rzeczywisty, to czujesz się znacznie lepiej! Wówczas konto prawdziwe jest takie samo jak konto demo i o to właśnie w tym chodzi.

Od tego momentu następnym krokiem jest użycie realistycznych lub oczekiwanych rozmiarów transakcji. Jeśli masz saldo otwarcia konta w wysokości pięciu tysięcy lub dziesięciu tysięcy euro, rozmiary pozycji muszą wynosić pięćdziesiąt tysięcy, sto tysięcy, może kilkaset tysięcy. Kwoty te są realistyczne dla tych sald, aby uniknąć sytuacji, w której zawierasz transakcje o wartości dziesięciu czy dwudziestu milionów, gdy wiesz, że nie jest to coś, co normalnie byś zrobił. Oczywiście, jeśli jesteś w takiej sytuacji, to w porządku, możesz mieć transakcje o wartości pięciu i dziesięciu milionów, ale to naprawdę nie jest normą dla nowych traderów.

Aby zakończyć przejście na konto prawdziwe, musisz być stale na plusie na saldzie konta demo. Kiedy handlujesz, nie musisz zarabiać codziennie, ale pod koniec tygodnia lub ogólnie powinieneś skończyć na plusie i widzieć, że zarabiasz pieniądze. Jeśli nie zarabiasz żadnych pieniędzy na handlu demo, oznacza to, że musisz trochę więcej poćwiczyć trading.

Podsumowując, zdecydowanie najważniejsze jest to, że masz realistyczne saldo konta, abyś faktycznie wiedział jak zareagujesz psychicznie i fizycznie na zyski lub straty, a do tego realistyczne rozmiary transakcji i musisz generować stały zysk na koncie.

ROZDZIAŁ 8
Wybór Partnera do Tradingu

Czego szukasz, gdy zastanawiasz się nad otwarciem konta do tradingu? Po pierwsze, niezawodna platforma. Niezawodna dla mnie oznacza, że gdy nadejdzie czas na handel, platforma będzie działać, co oznacza również, że możesz uzyskać świetne (zbywalne) ceny, które pozwalają kupować i sprzedawać z łatwością. Jeśli handlujesz z brokerem, który ma platformę, która nie działa więcej niż kilka razy w roku, to zdecydowanie warto, byś rozważył zmianę. Tak naprawdę nie powinna nie działać więcej niż raz w roku, a większość dobrych platform działa cały czas.

Kolejną bardzo ważną rzeczą jest płynność. Jest to ważne zwłaszcza, gdy zamierzasz handlować w oparciu o aktualności, raporty z pracy, stopy procentowe, liczby rozpoczętych budów, itp. Wielu traderów handluje w oparciu o aktualności. Jest to handel w środku doniesień rynkowych i jest to również czas, w którym możesz rzeczywiście znaleźć się w sytuacji braku płynności. Dla przykładu, powiedzmy, że Bank Anglii dokonuje decyzji dotyczącej stóp procentowych i chcesz dokonać transakcji, ale kiedy próbujesz kupić lub sprzedać, broker stale dokonuje zmian cen, a może nawet nie pozwala Ci dokonać transakcji. Jeśli często Ci się takie coś zdarza, to warto byś poszukał nowego miejsca do tradingu, w którym swobodnie będziesz mógł handlować w oparciu o aktualności.

Dobrym pomysłem będzie też porozmawianie z kimś znajomym, kto jest aktywnym traderem i poznanie doświadczeń tej osoby z danym brokerem. Zwykle jest to bardzo dobre źródło informacji o brokerze, u którego planujesz handlować. Dowiedz się również jak wygląda proces wpłat i wypłat z konta. Jakie doświadczenia z tym brokerem ma Twój znajomy? Czy wszelkie procesy są łatwe, czy może jest dużo papierkowej roboty?

Podsumowując rzeczy, których potrzebujesz przy wyborze dobrego partnera handlowego, będzie to niezawodna platforma, dobra płynność, zwłaszcza gdy handlujemy w oparciu o aktualności i raporty rynkowe oraz opinie znajomych.

WNIOSEK

Dziękuję za dotarcie do końca mojej książki pt. *"Analiza Techniczna Dla Rynku Forex"*. Mam nadzieję, że wiele z niej wyniosłeś i dostarczyła Ci narzędzi, których potrzebujesz, aby osiągnąć swoje cele tradingowe przy użyciu analizy technicznej dla rynku Forex oraz zarabiania na tym pieniędzy.

Następnym krokiem będzie przetestowanie swoich umiejętności w handlu i zbudowanie kapitału, abyś mógł dokonywać dodatkowych transakcji. Da Ci to motywację, której potrzebujesz, aby odnieść sukces.

Mam też kilka innych książek na temat różnych aspektów tradingu i klas aktywów, sprawdź je koniecznie!

PROFIL AUTORA

Wayne **Walker** jest dyrektorem globalnej firmy zajmującej się edukacją i doradztwem w zakresie rynków kapitałowych (gcmsonline.info). Posiada wieloletnie doświadczenie w szkoleniu i kierowaniu zespołami Doradców Inwestycyjnych oraz zarządzaniu zespołami osiągającymi najlepsze wyniki w Grupie Klientów Prywatnych w oparciu o Benchmark Dochodów (BME).